세상을 품은 인생길

한현수 제2시집

채운재 시선 199

세상을 품은 인생길

한현수 제2시집

序文

  글을 쓴다는 것은 생각을 표현하는 것이다.
  글을 써놓고 보면 늘 부족하고 유치하다는 부끄러운 마음이지만, 그것을 극복하고 부족함이 많아도 자신감 있게 글을 습작하고 있다.
  새로운 창작을 할 수 있다는 자신감 신념을 가지고 배우고 노력하며 전진할 때 새로운 유레카를 발견할 수 있다고 본다.
  습작을 통해 나의 마음을 위로하고 자연과 더불어 살며 진리를 알고 나의 꿈, 나의 인생길 작은 흔적을 남기며 갖고의 노력으로 전진하는 문인으로 살고 싶다.
  제2시집 세상을 품은 인생길 시집을 내며 많은 생각을 해본다.
  좋은 인연으로 나의 시집을 만들어 준 채운재 출판사 대표 양상구 시인님께 감사를 표하며 다솔문학회 김현희 회장님께 감사를 전한다.

2025년 7월 11일

明光 한 현 수 拜上

차례

序文   5

1부
아카시아꽃 필 때

어제 그리고 내일	12
구름	13
아카시아꽃 필 때	14
술	16
잊으리	18
군불	19
하루 · 1	20
하루 · 2	21
생과 사	22
불씨	24
상처	25
나의 이상형 세월에 묻혔네	26
등대 · 1	28
등대 · 2	29
별	30
알면 쉽고 모르면 어렵더라	31
신종 코로나 바이러스	32
정월대보름 · 1	34
정월대보름 · 2	35
곶감	36

2부
우물 안의 개구리

봄비 · 1	38
봄비 · 2	40
꽃샘추위	41
주전자	42
매운 고추	43
나이가 들면서	44
마스크	46
코로나19 가택 연금	47
인명은 제천이요	48
마스크가 뭔지	50
하룻강아지 범 무서운 줄 모른다	52
편지	54
떠나지마	55
전도몽상(顚倒夢想)	56
사람이기에 실수하고 잘못한다	58
일을 하면서	60
우물 안의 개구리	62
긴 행렬	64
꽃샘추위	65
봄나물	66

차례

3부
산 넘고 산 넘어

경험과 충고	68
목소리	69
오해	70
배고픔	71
막걸리	72
벼 보리	73
지나고 나니 짧은 순간	74
전국노래 자랑	76
밤꽃	77
밤꽃 향기	78
산 넘고 산 넘어	79
동대탕	80
거북선	81
표현	82
입질	83
흔들리며	84
쉬운 것은 없다	85
북어	86
힘내세요	87
언제 가려나 코로나19	88

4부
눈으로 보고 귀로 듣고

보릿고개	92
꿈	93
쓸쓸한 어버이날	94
홍시 · 1	95
홍시 · 2	96
풍경(풍령. 풍탁)	97
산 정상을 오르면서	98
어머니 은혜 노래	99
그땐 그랬지	100
비얌(뱀)이다	102
한 잔의 술 · 1	103
한 잔의 술 · 2	104
스승의 날	105
너 때문에	106
백마고지	107
눈으로 보고 귀로 듣고	108
장미	109
슬럼프	110
청개구리 심리	112
산도 운다	113
청국장	114

1부
아카시아꽃 필 때

어제 그리고 내일

어제의 어렵고 힘든 일 지나고 나니
일장춘몽처럼 잊어지고

오늘도 무슨 일을 해야 하나 계획을 세우지만
근심과 걱정이 앞선다

하루라는 선물이 즐거움을 줄지
아니면 슬픔과 괴로움을 줄지 알 수가 없다

다가오는 내일의 희망을 품고
오늘의 어려움과 힘든 일을 참고 견딥니다

내일의 희망과 행복을 맛보기 위해서
오늘도 노력하며 최선을 다하며 열심히 살리라.

구름

푸른 창공 두둥실 떠있는 솜사탕
희고 뽀얀 달콤한 아이스크림같이
부드러운 비단결이다
포근하고 아늑한 편안한 이불같이
한숨 자고 일어나면 고단한 피로가 풀리듯
새털처럼 가벼이 푸른 창공을 누빈다.

아카시아꽃 필 때

흰 눈 내린 듯 하얗게 핀 아카시아꽃향기에
벌과 나비는 쉴 사이 없이 바쁘네

계절은 봄에서 여름으로 실록이 짙어가고
강렬한 태양빛에 하얀 자태를 뽐내는
아카시아꽃 5월의 싱그러움을 발산하네

아카시아꽃 피고 지는 것이 길게 느껴지는 듯해도
지나고 나면 짧은 순간에 찰라요

아름다운 아카시아꽃 매년 마다 뽐내지만
젊음과 삶과 생활은 한번 지나면 변화고
변수 있네

한결같이 제자리를 맴도는 아카시아는
꽃 피는데 변함없이 반복하거늘
세월이나 삶과 생활은 젊음은 변화고 변수 되네
영원한 것 없더라

한결같이 변치 않고 하얀 자태를 뽐내는
아카시아 꽃향기 변함없이 해마다
아름다운 자태를 뽐내더라.

술

술 술 넘어가 술이로세
술에 취해 정신 줄 놓으니
잘못과 실수로세

술을 잘 마시면 보약이고
취중불언 인사불성에
땅바닥이 벌떡 일어나 때린다

술 깨고 나니 까지고 갈아붙인 얼굴
안 먹는다. 끊는다. 다짐했거늘
자꾸 땡기는 그대는 누구인가 했더니 술이라 하네

술에 깨지고 터지고 했더니
세월 가며 배운 것은
술에 몸만 골병들더라

아! 잊고 싶어라 술이여
늙고 늙어 노라
이미 그대 술에게 중독이 되었다네

어찌하리 끊지는 못하고
술 양이나 줄여 건강이나 지키자.

잊으리

삶과 생활에 상처받는 일도 많고
성격과 생각 차이에 의해 이해와 양보가 부족하다
사람은 백명 백색 이므로 성격과 개성이 다르고
서로 간의 함께 노력하고 최선을 다하면 가능하겠지만
그렇지 않다면 잊기에는 어려움이 많다
서로 성격과 생각 차이를 좁히고 하려면
대화를 하고 소통을 해서 상처를 주지 않을 때
잊고 싶은 것이 적을 것인데
그러나 사람은 층층 만 층, 구만 층 이라
쉬운 일은 아니며 자존심과 욕심과 탐욕에 휩싸여
대화와 소통이 되면 되겠지만
그것은 개인의 생각이 될 수도 있다.
좋은 일이나 추억은 쉽게 잊으리라 하면
안 해도 자연스럽게 되지만 상처 받은 일은
쉽게 잊어 지지 않고 아픔과 슬픔이 깊어지지만
고통 받은 상처 치유하면서 잊으리 잊으리라.

군불

성냥 그어 불붙이고 연기 그을림
냄새를 맡으며 군불을 때고 난 후
숯 알불에 감자랑 고구마를 구워 먹고

굴뚝에서 흰 연기가 하염없이 뿜어 나오고
추운 겨울밤 방구들 아랫목
구들장의 뜨근 뜨근한 열기에

피로에 지친 몸 피로를 풀고
등 뜨시고 배부르니 무릉도원이
따로 없다네.

하루 · 1

여명과 함께 어둠은 사라지고
새벽에 내린 이슬방울
영롱한 아름다운 빛 하루가 시작된다

오늘 하루는 즐거울까 슬플까 알 수 없고
태양은 왜 그리 빠르게 가려 하나
하루는 길 수도 있고 짧을 수도 있지

즐겁고 웃음 넘치는 하루라면
짧을 수 있고 고단하고 피곤하면
지루하고 긴 하루다

하루 일과를 마친 태양도 아쉬움과 미련이 있는지
아름다운 붉은 석양 저녁노을 남기고
서산으로 넘어간다.

하루 · 2

어둠은 여명은 오면서 사라지고
새벽이 밝아왔네

새벽에 내린 이슬도 일출하는 햇살에
포도처럼 알알이 맺힌 물방울
보석처럼 반짝이며 빛난다

희망처럼 빛나는 이슬도
강한 햇살에 어디로 가고 없고
숨죽이듯 조용히 있던 곤충

나비, 잠자리, 벌도
기지개 펴고 꽃을 찾아다니며
부지런히 활동하네

웃음이 있고 즐거움과 기쁨이 넘치는
하루라는 선물에 너도나도
삶에 열심히 웃고 일하고 행복이라네.

생과 사

인명은 제천이요
태어날 때죽음도 같이 있다

생과 사는 하늘이 정하는 것
올 때는 살아야 하기에
무언가를 잡으려고

주먹을 꼭 쥐고 한평생 살다가
갈 때는 미련 없이 손을 펴고
미련 없이 가는 것을 누군가 말했던가

공수래공수거라고 살기 위해
욕심과 탐욕도 사리사욕도 취해보지만
떠날 때는 부질없는 일장춘몽

오래 산다고 젊은 혈기에 끄떡 거리나
세월이 허무함을 알린다

지나온 세월 돌아보니
잘한 일 어디로 어디로 가고
후회와 허무함 부질없는 것뿐이로다

살아생전 인덕 쌓고 베풀고 선행하여
왔다간 흔적일랑 남겨본다.

불씨

논두렁 밭두렁 태우다가
타다 남은 재속에 불씨는 바람에 흩날리어
불씨가 번져 산불이 되었다

오랜 세월 키워온 나무들 순간적으로 불씨에 타버리고
푸른 산이 검게 변하여 내 마음도 아프고
숯덩이가 되었구려

숲을 지키기는 힘들어도
불씨로 태우기는 순간적이로다.

상처

몸을 다치는 상처와 삶 속에서
상대방으로부터 말로 다치는
마음의 상처가 있다

몸을 다치는 상처는 치료를 받고 세월이 가면 잊어지고
상대방으로부터 말로 당하는 마음의 상처는
시간이 가고 세월이 가도 영원히 남는다

내 가슴 내 마음에 비수가 되어
남아 있고 잊으려 잊으려 해도
아픔과 고통이다

시간 가고 세월 가도 쉽게 잊어지지 않는
가슴의 상처 무엇으로 치료하고 잊으리오

오늘도 마음을 다친 상처를 잊고자 하지만
쉽게 잊어지지 않고 잊을 수도 없고
눈물 많이 하염없이 흐르고 흐른다.

나의 이상형 세월에 묻혔네

얼굴과 몸매는
짧고 짧은 시간과 세월에
꿈같은 일장춘몽과

메뚜기도 한철 같은
젊을 때 얼굴 몸매 보고 보네

나이 들고 세월 가니
곱던 얼굴 몸매 어디로 갔나
비단결 같은 마음씨 좋은 것
찾더라.

메뚜기도 한철이요
일장춘몽 같은 짧고 짧은 순간

시간과 세월에 미모와 몸매는
가고 오는 시간과 세월에
어디론가 가고 없고

따뜻한
봄날 같은 햇살처럼 포근하고
아늑한 마음 심이 그립다네

등대 · 1

망망대해 어두운 바다를 향해 외롭게 홀로 서서
고독을 벗 삼아 오고 가는 배에 한줄기 희망의 빛

밤하늘에 빛나는 별들이 반짝반짝 빛나고
어두운 적막을 깨는 파도 소리만 들려온다

오고 가는 뱃고동 소리와 어둠을 밝히는 등대 불빛
외롭게 혼자 찬 바람맞으며
희망의 불빛으로 통행을 안내한다.

등대 · 2

어두운 긴 터널 지나는 지루한 인고의 시간들
나 혼자 홀로 외롭게 서서
별들은 보석 빛 반짝반짝 무언으로 대화하고

외로움을 달래는 바닷바람 파도 소리 망망대해
쓸쓸함 참고 견디는 외로움과 싸움에
고요한 밤바다 철석 부딪히는 소리 어두운 정적을 깬다

외로움 잊고 오고 가는 배
어둠을 밝히는 한줄기 희망의 빛으로
길잡이 외로운 섬에 홀로선 등대

별

어두운 밤하늘 보석을 뿌려놓은 듯 반짝이며
빛나는 보석 같은 것들 북두칠성 어디 있나
물고기자리, 곰자리, 사자자리
어두운 밤하늘을 보며 찾곤 했다

금가루 뿌려놓듯 물 흐르는
냇가 모양의 은하수 구불구불 밤하늘 수놓고
달 없는 어두운 밤 등대처럼 방향 표시도 했다

떨어지는 별똥별 보고 소원도 빌어 보지만
한순간 짧은 순간 획 지나가고
밤하늘 별구경 삼매경에 빠져
모기한테 물려 따끔함도 잊었다

아름답게 어두운 밤 하늘 수놓던 보석 뿌려 놓던 별은
세월이 지나도 변함없이 반짝반짝
오늘도 밤하늘을 빛내고 있다.

알면 쉽고 모르면 어렵더라

모든 일에 사소한 것도 알 때 쉽게 느껴지나
터득할 때 과정은 잊고 있다
한 번쯤은 헤매고 어려움과 고통을 걷쳐야
모르던 일도 적응되며 알아간다

처음 접하는 일에 능수능란하게 쉽게 되는 일은 없고
이리저리 좌우로 흔들리며 여러 방법을 썼을 때
해결책을 찾을 수 있고 사소한 일도 헤매고
머리 아픈 고통을 감내할 때 적응되고 숙달되며
일을 한번 할 때 보다는 두 번 할 때가 났고
일을 세 번 할 때 반복되고 훈련되어 숙달된다

아무리 하찮고 사소한 일이라도 한 번도 접해 보지 않고
안 해 봤다면 어려울 것이다
힘든 일도 여러 번 했다면 과정에서 반복과 훈련에 의해
숙달되었기 쉽고 쉬울 수가 있다.

신종 코로나 바이러스

너는 너는 어디서 갑자기 튀어나와
혜성처럼 나타나 세계를 놀래 키고
공포 분위기를 만드네

경제 침체 불경기에 일감 없어 썰렁 한데
너는 너는 눈치 없이 코로나 바이러스 감염 시키네
병균을 치료할 백신 약도 없는데

근심 걱정이로세
도움은 못 줄망정 피해나 주지 말고
언제 언제 갈거니 빨리빨리 가거라

눈치 염치없이 오래오래 있지 말고
한번 왔으면 두 번 다시 오지 말고
스치면 인연이나 너는 너는 아니라네

온 세상 덜썩 덜썩
신종 코로나 바이러스 확진자만 늘어나고
언제 언제 해결되나 근심 걱정 앞서네

신종 코로나 바이러스 겁이나 예방수칙 잘 지키고
언제 언제 해결 될까 조바심만 앞서지만
빨리빨리 해결하자 예전처럼 말일세.

정월대보름 · 1

여름에 더위를 잘 넘기려고 더위를 팔고
좋은 소리 많이 듣고 나쁜 소리 듣지 말라고
귀 밝기주 마신다

한 해 액운 부름 깨물고 충치 예방하고
오곡밥(찰밥)과 봄나물, 냉잇국, 달래무침에
겨울에 잃어버린 입맛 찾는다

봄 향기 느끼며 꽉 찬 대보름달
소원성취 빌고 빌며 운수 대통 바라고
한 해 농사 풍년기원 쥐불(망의 리) 놓아 액 태우고

한 해 오곡 풍년 빌고 빈다
토정비결 보고 또 보고 한 해 운세 점쳐본다

대박일까 아닐까 조바심만 생기고
토정비결 봤더니 한 해도 온통 조심뿐이다.

정월대보름 · 2

설 명절 이후 십사일 후 정월대보름까지
동네 어르신께 세배 드리고
무병장수를 빌었다

복조리 팔고 부럼 깨물고
귀 밝이 주 한잔 일 년 안녕
무사안일 안전을 빌었다

농경사회 때 일 년 농사 대풍을 빌었고
액운을 없애고 달집 태우고 연을 띄워
액을 날려 보냈다

척사대회로 단결과 협동심을 다지고
화기애애 우애와 친선을 도모했다.

곶감

땡감 깎아 매달아놓은 곶감
선선한 바람 통풍에 말라
아름다운 꽃 분홍 같은 색깔

띄우고 띄워 말랑거리는 곶감
어머니가 호랑이가 왔다고 말해도
아이의 울음소리를 그치지 않았지만

어머니께서 곶감 준다는 말에
뚝 울음소리 그치고
밖에 있던 호랑이 곶감에 놀라 줄행랑쳤다네

항아리에 담아둔 곶감
백설을 맞아 맞아
뽀얀 자태 뽐내더라

뽀얀 곶감 때문에 오늘도 잠 못 이루고
꿈속에서 곶감 먹어볼까
오늘도 즐겁고 설레임만 남더라.

2부
우물 안의 개구리

봄비 · 1

봄비가 내리고 내리네
대지 위에 땅바닥에 촉촉히 적시네

메마른 대지에 생명수 적시고
매서운 동장군 엄동설한 추위를
참고 견디며 나오는 새싹들

들풀, 야생화
앙상한 나뭇가지에 새싹은 돋고 돋아
강한 생명력을 보이고 보인다

이름 모를 야생화 꽃 봄비를 맞고 맞아
꽃을 피우고 피우네
아름다운 자연예술 작품을 만들고 있다

봄비 방울방울
수많은 생명체 만물 소생 시키고
봄비 봄비 내리고 내린다

봄비는 생명의 마술사
신비스런 생명의 힘
봄은 소리 없이 우리 곁에 와있다.

봄비 · 2

흐름과 변화를 거부하던 겨울
엄동설한 한파에 동장군 설쳐대고
한 송이 꽃을 피우려고 대지를 봄비로 녹인다

생명 새싹 나는 것을 거부하고
봄이 오는 바람 스치듯 지나가지만
가고 오는 세월 누가 막으리오

오랜 가뭄에 지친 씨앗 한줄기 봄비에
강한 추위를 참고 견디며 생존의 순리
생명은 강하다는 것을 보여준다.

꽃샘추위

봄이 온 듯 봄이 온 듯
들판에는 아지랑이 모락모락 피어오르고
엄동설한 겨울은 가고 날씨마저 포근하네

봄이라 따뜻하여
나뭇가지 들판에 새싹마저 띄우는데
시샘하고 질투하여 날씨마저 매섭구나

꽃샘추위 기승부리지만
훈훈한 봄바람 내일이면 오겠지

주전자

주전자 물 부어
가스레인지 위에 올려놓고 불붙이니
주전자 엉덩이 뜨거워라 한다

부 ~ 굴 부 ~ 굴
소리 내어 답하고
주전자는 물이 끓어요 끓어요 한다

주전자에 김이 새어 나오고
물 끓는 소리 내며
하염없이 울고 있네.

매운 고추

더운 날 찬물에 식은 밥 한 덩이 말아
된장에 고추 찍어 한입 깨무니
매운 고추 혀 바닥 화끈화끈 불나고
찬물로 입 헹구지만 매운맛 여운 남고
혀끝이 매운 고추 왜 땡길까

갭사이신 매운 고추 맛
아삭함 식감에 중독되고
속이 후끈 열기 올라도
아릿한 매운맛에 매류 되어
더위도 더위도 잊어지더라.

나이가 들면서

나이가 들면 아는 게 많아질 줄 알았는데
나아가 들면서 알고 싶은 게 많아진다

나이가 들면 모든 게 이해될 줄 알았는데
나이가 들면서 이해하려 애써야 할 것들이 많아진다

나이가 들면 무조건 어른이 되는 줄 알았는데
나이가 들면서 어른으로 보이기 위해 항상 긴장해야 한다

나이가 들면 모든 게 편해질 줄 알았는데
나이가 들면 들수록 더 많이 공부해야 하고
더 많이 이해해야 하고 애써야 한다

또렷함보다는 아련함이
살가움보다는 무던함이
질러가는 것보다 때로는 돌아가는 게 좋아진다

눈을 감고 세월을 돌아보면
절대로 변할 것 같지 않았던 나를
휘감아 가며 끝없이 변화 시킨다

나이에 걸맞게 어른이 되어야 하고
나이 들어간다는 것 참 자연스러운 일이다
오늘도 우리 함께 예쁘게 익어가는 인생이길

마스크

마스크
먼지 나고 분진 날 때
작업 시 착용했고
이제는 코로나 때문에 착용하지

메르스, 사스 때도
마스크 착용 안 했는데
코로나19 겁이 나 마스크 착용하네

언제쯤 코로나19 가버리나
마스크 생활 벗어나자
마스크를 벗어보자.

코로나19 가택 연금

경제침체 불경기에 일감 줄고
코로나 감염자 생명도 잃는다는 뉴스
어찌어찌 세상이 이리 되었는지
사람 만나기도 겁나고 겁나네

코로나19 공포 불안감 언제 끝날까
외출 삼가하고 거리 두기 마스크 생활
코로나 감염 공포 속에 삶이 어렵고
세상을 떠나는 심각한 현실

코로나19 감염되어 가택연금되고
백신 약 없어 몸으로 이겨내며
외출도 자유롭지 못 한 세상
코로나 감염 방역되어 가택연금 해방되자.

인명은 제천이요

생명은 태어날 때 죽음 또한 곁에 있고
삶이란 한번 왔으면 가는 것 누구도 피해 갈 수 없다
태어날 때는 순서가 있고 죽을 때는 순서가 없다

생명은 하나 고귀하고 소중하다
늘 건강하게 살고 무병장수가 으뜸이요 제일이지
고통과 아픔 없이 사는 것이 복입니다

고통과 아픔을 겪고 건강의 소중함을 깨닫고 알면
똥 밭을 굴러도 이승이 좋고
살아있음을 감사하게 여긴다

고통과 아픔을 참고 인내하고
산전수전 겪고 겪으며 즐기면
삶과 생활에 희로애락 기쁨이 온다

인명은 제천이요 살면서 타인을 위해 나눔과
베품도 선행도 실행하고 인덕도 쌓고
봉사도 하고 희생하고 헌신하는 것도

살아있을 때 해야 할 몫이고
진정한 마음이 우러나올 때 가능하리라
인명은 제천이요 생명은 하나니까

고귀하고 귀중하고 소중한 것이고 서로 서로가
돕고 상부상조하며 어려울 때, 힘들 때
십시일반 의지하고 살아가는 것입니다.

마스크가 뭔지

마스크가 없고 없으면 밖에 외출도
할 수 없고 못하고 못하네
코로나19 감염될까 싶어 불안하고 공포스럽네

마스크 착용 안 하면 못하면
아무 곳도 갈 수 없고 마스크 사려고
약국. 편의점 가서 마스크가 부족하고
없고 없어 구입할 수 없네

돈 있어도 살수 없네 마스크가 뭔지
사스, 메르스, 아프리카돼지열병 때도
마스크 착용 안했고 안 했네

일상생활 불편 없고 코로나19 감염
확진자 늘고 늘어나 생명 잃는 분
많고 많네 날짜가 갈수록 코로나19

감염자 확진자 늘고 늘어나 코로나19
감염 때문에 마스크가 뭔지 착용하고
마스크가 필수요 하지 않으면 창살 없는

감옥생활이네 언제언제 해방될까
일상생활 할 수 없고 마스크가 뭔지
마스크를 생산하는데 외국에 수출하는가

어찌 마스크가 부족하고 부족하네
편의점, 약국 줄 서서 기다리고
마스크 사려는 행렬 코로나19가 만든
진풍경 인가

슬프고 슬퍼라 코로나19 감염될까봐
마스크 사러 왔는데 부족하고 없고 없네
마스크가 뭔지 코로나19 때문에

별 희한한 경험도 다해보네
어찌어찌 세상이 이리 되었는가?
따뜻한 봄은 오는데 마스크가 뭔지

코로나19 때문에 마스크 착용 안 하면
밖에도 마음대로 못 다니네
마스크가 뭔지 코로나19 빨리 가라.

하룻강아지 범 무서운 줄 모른다

철없고 어릴 때 모를 때 행복했고
천지난만할 때 내 마음대로 할 때
모를 때 겁 없고 용감했네

철없고 생각 짧은 어릴 때
하룻강아지 범 무서운 줄 모른다
모든 일에 대해 알고 알면 어렵고
힘들고 스트레스 받더라

아 ~ 옛날이여 지난 시절 다시 돌아갈 수 없나
시간은 한번 가면 바람 불 듯 가버리고
다시 돌아올 수 없고 없네

하룻강아지 범 무서운 줄 모를 때도 한철인가
다시는 돌아올 수 없다네
지나버린 시간과 세월이 되돌릴 수 있다면
젊음만 있고 늙음은 없으리라

반복적으로 세월 돌려 젊음 있고
하룻강아지 범 무서운 줄 모르는
삶이로세 경험과 체험을 겪지 않아
하룻강아지 범 무서운 줄 모른다.

편지

어릴 때 손으로 연필을
꾹꾹 눌러쓴 손 편지 정성 그립구나

시간 지나 세월 지나니
인터넷 전산화에 밀리고 밀려
옛일이 되고 옛 추억이 되어버린
편지를 쓰던 그 시절

아련한 옛일의 추억이 되었다
따뜻함이 느끼던 정겹던 손 편지
세월에 밀려서 흘러갔고
옛일이 되었다.

떠나지마

시간이여 세월이여 멈출 수가 없나
바람처럼 불고 물처럼 흐르고 흐르듯
빠르게 지나가는 시간과 세월은 떠나지마
오랫동안 사귄 친구도 인연도 이해와 양보가
없어 헤어지고 이별하면서도 시간이 흐르면
다시 만날 수 있지만 지나간 시간과 세월은
한번 가면 영원히 오지 않으니 떠나지마 라고
허공을 향해 목청 것 외쳐보지만 묵묵부답
이고 대답없네 만남과 이별에 반복하고
연속적이지만 적응할 수 없고 안 되고 떠나는
시간과 세월은 떠나지마로 불러도 가고 대답이 없다
떠나지마 헤어짐과 이별 작별에 표현하지만
짧은 시간을 충실하게 잘 보내고 오고가는
세월을 잘해도 지나고 나면 후회만 남네
사람을 사귀고 양보하고 이해할 때 오고가는
세월은 잡지 못하더라도 사람관계에서는
서로가 이해하고 양보할 때 긴 동행을 함께하고
헤어짐과 이별을 줄일 수 있다.

전도몽상(顚倒夢想)

생존하려고 부자 되려고 발버둥치네
욕심과 탐욕을 부려보고 사리사욕도 채우려고
남한테 상처도 주고 피해도 주고 주내

잘 살고 풍요로운 생활 보장된 생활을 하기 위해
돈과 재물을 쫓고 쫓네
어느새 언제 돈과 재물에 노예가 되었고
돈과 재물은 나의 주인이 되어 있다네

돈과 재물이 많으면 부귀영화를 누리고
누리지만 사람 관계는 의심하고 경계하네
돈과 재물을 지키기 위해 거리를 두고 있네
돈과 재물을 불리기 위해 믿음성 진정성
어디 가고 없고 없네

돈과 재물이 많을수록 생활 풍족하고
보장된 생활을 하고 안정된 생활하지만
사람 관계 믿음, 신뢰 없더라 이용하려 하네

메뚜기도 한철이요 세월 지나고 나니
부질없고 허망하여 주위에는 사람 하나 없더라
외롭고 쓸쓸하여라 전도몽상 무엇인지
머리 백발 되어 후회만 가득하고 남고 남더라.

사람이기에 실수하고 잘못한다

누구나 잘못도 하고 실수도 한다
완벽하지 않는 것이 사람이다
실수나 잘못은 엎질러진 물이요
다시 주워 담을 수 없다

실수나 잘못을 한 것은 어쩔 수 없다지만
그것을 현실적으로 받아들이고 실수나
잘못을 인정하고 사죄할 수 있는 용기가
필요하며 해결의 방법입니다

잘못을 하고 실수를 덮고 숨기는 것이
더 나쁜 행동이며 죄를 짓는 것이다
사람이기에 실수하고 잘 못 한다 라고
면제를 받으려고 하지 말고 말과 행동에

책임을 질줄 알아야 하며 실수와 잘못을
했다면 인정하고 사죄할 수 있는 용기가
있을 때 용서가 있고 겸손이 있다고 봅니다

사람이기에 실수를 하고 잘못을 한다
그것을 해결할 수 있는 것은 스스로가
인정하고 겸허히 받아들이고 사죄할 때
사람이기에 실수를 하고 잘못한다고
할 때 공정성이 있다고 확신한다.

일을 하면서

산다는 것이 뭔지 생존하려면
일용할 양식도 있어야 하고 노후를
대비해서 젊을 때 열심히 일을
하면서 피와 땀으로 재산을 이루고
늙고 늙어 편안하고 보장된 생활을
해야 하는 것이 옳고 바르나 삶과 생활은
계획 되로 뜻 되로 되지 않고 삐거덕 될 때가 있고
인생사 새옹지마라고 기쁜 일 슬픈 일
산전수전 육전 희로애락을 겪고 하나 가족을 부양하고
살기 위해 생존을 위해 열심히 일을 하면서
시간 가는 줄 모르고 날짜 가는 줄 모르고
세월 가는 줄 모를 때
가장 행복할 때라 할 수 있고 근심 걱정을 잊을 때가
행복일 수도 있는데 그것을 잊고 살아왔고
최근에 느꼈지만 일을 할 때 일을 해야 되는데
불경기에 설상가상으로 코로나19 때문에 일을 하면서
육신이 피곤하면 쉬고 잡념을 잊고 근심 걱정을 덜어
버린다는 것이 행복한가를 새삼 느낄 때 가 있고
돈을 쓰면서 여행을 하면 즐겁고 기쁘겠지만
할 일 없이 빈둥거리며 논다는 것은 근심 걱정 거리요

잡념만 들고 스트레스 또는 우울증 올 수도 있다는 것을
불경기에 코로나19 감염 확진자 늘고 늘어
공포와 불안감에 떨며 일을 하지도 못하고
생지옥이 따로 없고 창살 없는 감옥생활 따로 없네
세월이 가고 나이가 드니 일의 중요성을 알게 되네요
돈 벌기 위해서 일을 하지만 일속에서 심심 증도 탈피하고
근심과 걱정 스트레스 우울증도 거리감 있게 하는
일을 하면서 잊는 부분도 있다고 한다.

우물 안의 개구리

학식이 풍부해도 지식이 넓고 깊어도 생각이 얇고
짧으면 부정이 강하기에 양보도 없고 이해심도 없고
이기주의요 개인주의다

생각이 얇고 짧으니 긍정보다
부정이 강해 불평불만이 가득하다
세월이 가고 나이가 들면 보이는 것보다
보이지 않는 것도 볼 수 있는 안목이 있어야 하고
양보나 이해를 해야 하는데 사람 관계가 쉬운 듯 복잡하다

층층만 층 구만 층이요
열 길 물속은 알아도 한길 사람 속은 모른다는 글도 있고
늘 생각이 깨어있을 때 우물 안의 개구리를 벗어날 수 있다

불가근 불가원이라는 글귀도 있고
하지만 알고도 생각이 짧고 얇고 사람을 대할 때
진심이 없고 믿음과 신뢰가 없고 거짓말을 많이 하고
믿음과 신뢰가 없다면 우물 안에 개구리이다

스스로 틀을 깨고 테두리를 깨야 하는데
새알도 스스로가 깨고 나올 때 생명을 얻듯
우물 안에 개구리가 밖으로 나오듯 생각이 깨어있을 때
우물 안의 개구리가 밖으로 나올 수 있을 것입니다.

긴 행렬

꽃샘추위에도 사람들 마스크 구입으로
긴 줄 서기를 이루며 북적이고 북새통을 이룬다

마스크 5부제를 해도 마스크 부족 여전하고
코로나19 불안과 공포의 심리적 압박은 더하고 마스크에 의존한다

코로나19가 일상생활의 변화와 제한을 두게 하고
코로나19 감염될까 불안하고 겁이 난다

추위에 아랑곳하지 않고 마스크 구입
긴 줄 서기 언제까지 이어지려나
마스크는 생산되는지 항상 부족하고 긴 줄 서기도
마스크 5부제 일상생활 되려나 서글프고 슬픈 일이다

그놈의 많고 많은 마스크 어디로 가고 갔나
마스크는 품귀현상 매일매일 부족하구나

일상생활 정상 되고 언제 마스크 구입 끝나려나 코로나19
방제되고 해결돼야 끝나려나 지금의 현실이요 실정이란다.

꽃샘추위

겨울은 간 듯 포근하고 따뜻한 날씨
양지바른 곳에서는 쑥 나고 달래 나고
이름 모를 풀들이 새싹을 내밀고 날씨는
따뜻하고 포근하여라

앙상했던 나뭇가지에는 겨울에 동면을 깨고
봄 맞아 새싹을 틔우고 산수화 매실 꽃을 피고
봄은 왔구나 싶더니 겨울은 가기 싫은 듯
심술부리고 심통 부리듯 꽃샘추위 한파 불고 부네

꽃 피고 만물 소생하던 풀과 나뭇가지
새싹은 주춤하고 머뭇거리다 아차 봄이지
꽃샘추위 아랑 곳 하지 않고 만물을 소생시키려고 하네

시간이 가고 세월이 가고 가면 계절의 변화도 있거늘
겨울이 가는 것이 싫은지 미련이 남는지
하염없이 꽃샘추위 불어 봄을 막으려하네

가는 시간에 세월에 변화하고 순응하는
꽃샘추위도 사그라들고 더 이상
꽃샘추위야 그만 불고 새봄이여 빨리 오너라.

봄나물

겨울의 엄동설한 동면을
참고 견디고 강한 생명력으로
새싹 나고 돋아 났네

봄 향기 물씬 풍기는 봄나물
만물이 소생하듯 겨울철에
잃어버린 입맛을 찾고 돗구네

냉이. 달래. 쑥. 삼동초(유채)
봄 향기처럼 상큼하여라.

3부
산 넘고 산 넘어

경험과 충고

경험은 쌓기 어렵고 말은 하기 쉽네
경험을 쌓는데 시간이 오래 걸리나
말을 하고 표현하는 데는 짧은 순간
일장춘몽과 같다

말과 충고는 상대방한테 도움을 주려고
하는데 경험과 충고 또한 상대방한테
도움이 안 되고 서로가 생각과 성격이
다르니 말을 오해로 듣고 잔소리로 여기는
것이 말이라 한다

물질은 상대방을 도울 수 있고 경험과
충고를 오해 없이 긍정적으로 말을 받아
들이고 경청할 때 우물 안의 개구리 우물 밖으로
나갈 수 있고 자신을 성숙하고 성장시키면
스스로가 발전한다.

목소리

목에서 나는 소리 목소리 타고난
소리는 천상에서 받은 소리라 하네

노래나 창법은 갈고닦으며 노력하면
발전할 수 있겠지만 청명하고 맑고 고운
소리는 타고난 소질이 있어야 하네

작은 목소리는 웅변이나 목을 튀우는
발성 연습으로 작은 소리를 크게 할 수
있고 노력으로 가능하네

청명하고 맑고 고운 목소리 타고난
목소리 노력한다고 되는 것이 아니고
저마다 탄고 난 천상의 소리

오해

삶과 생활에 이해는 둔하고 늦고
오해는 빠르고 예민하네
그것은 상대방한테 지기 싫은 자존심

지는 것이 이기는 것이라는 글귀를
보기는 했지만 삶과 생활
책에 있는 이론이나 논리보다
삶과 생활에서는 차이가 있고
오해와 자존심 지는 것은 패자

선입감이 있기도 하며 상대방한테
양보 지지 않으려는 자존심
어찌 보면 시기와 질투 때문에
이해 보다 오해가 예민하고 빠르다.

배고픔

물고기도 물 밖으로 나왔을 때
물의 소중함 귀중함을 안다
목마른 자 갈증 느끼고

입에서 쓴 단내가 날 때
물의 귀함을 절실하게 느끼고

시원한 물 한 잔에 목을 축이고
갈증을 해소할 행복하고
감사함을 느낀다.

배를 굶어보고 배고픔을 느낄 때
음식의 소중함을 깨닫고 알며

보릿고개 시절 배고픔 겪어봐야
음식을 홀대하거나 소홀히 하지 않는다.

막걸리

보리, 옥수수, 밀, 쌀로 빚은
누룩주, 보얀 숙성주, 막걸리

논두렁 밭두렁에 앉아
한 잔의 막걸리를 마시며
농사일의 고된 일을 잠시나마
피곤함을 잊어본다

막걸리 한 잔에
고단함과 시름을 잊고
피로를 한줄기 바람 쐬며

막걸리 한 잔에 힘든 일도 잊어버리고

농사일 품앗이하면서
이웃 간의 정을 쌓고 풍년을 빌어 보자

벼 보리

쌀은 잘 뭉쳐지고 익으면 고개를 숙이네
보리는 흩어지고 익으면 고개를 빳빳하게 쳐들고
곧은 선비 고개를 숙이지 않는다

쌀은 도정하면 왕겨가 있고 싸라기가 있다.
보리는 도정하면 껍질과 싸라기가 없다

쌀은 따뜻하고 보리는 차갑다
쌀은 옮겨 심어도 살지만 보리는 옮겨 심을 수 없다.

씨 뿌림에서 새싹 나고 성장하고 열매 맺히고
익으면 떨어지기 전에 수확해야 한다.

쌀은 잘 뭉쳐지기에 단결이 잘되고
보리는 뭉치는 것 보다는 흩어지네

코로나19 감염
이때 쌀보다는 보리가
감염 방역 종식에 도움이 된다.

지나고 나니 짧은 순간

오고 가는 시간과 세월이 긴 듯
한데 바람 스치듯 짧고 짧은 찰나 순간
바람처럼 불고 물 흐르듯 흘러
계절은 바뀐다

겨울인 듯 동장군 기승에 언제
싶더니 지나고 나니
짧은 순간 신기루

봄인가 싶더니 목련꽃 피기 전에
언제 목련꽃 피나 기다림에 지겹고
지루하더니 꽃 피고 지는 것이
지나고 나니 짧고 짧은 순간이고
일장춘몽처럼 잠에서 깬 듯
꿈꾼 것 같더라

바람결에 날아가고 목련꽃도
봄바람에 떨어져 흩날리며
낙화하는 것이 꽃눈 내리듯
바닥에 흩어진다
오고 가는 시간과 세월이 지나고
나니 짧은 순간 허공으로 흩어진다.

전국노래 자랑

오랫동안 장수 예능 프로 40년 동안
진흙 속에서 진주 캐듯 보석 캐듯
무명인의 가수 인재 발굴 많이 했어

남녀노소 가릴 것 없이 참석해서
기량과 재주를 뽐내고 끼를 발산했네
합격에 딩동댕 소리는 새로운 희망과
꿈을 부풀게 하는 아름다운 소리이다

누구나 참석해서 어울리는 한마당 잔치
전국 노래 자랑 온 국민이 즐겨보고 웃고
울던 예능 프로그램 용기 있고
도전하는 자 가수될 수 있어

타고난 소질과 기량 재주 있는 자 다 오라
전국을 돌며 숨은 인재 고수를 발굴한다네
누구나 편하게 부담 없이 참석하다 보니
어느덧 40년 이란 장수 예능 프로그램이
되었고 대한민국 국민들의 사랑을 받고 있다.

밤꽃

밤꽃 필 무렵 밤꽃 향기에
홀려 바람처럼 밤꽃 향기
밤에 찐하게 퍼지고 마음만 설레게 한다

밤에 보는 밤꽃 흰 눈꽃 핀 것처럼
아름답고 예쁜 밤꽃
어두운 밤 마음만 설레게 하며
밤꽃 향기 코끝을 찐하게 유혹하며 스쳐간다.

밤꽃 향기

비릿한 찐한 향기 냄새는
과부 수절한 여인들 가슴을 설레게 후벼판다
먼저 간 낭군님 서방님 사무치게 그리워라

곁에 있을 때는 모르고 비릿한 향기 코로 맞아
정신 나간 듯 낮보다는 밤에 정신을 못 차린다
짝 찾는 저 기러기 외로운 심정
홀아비 심정 과부가 알듯이

산 넘고 산 넘어

삶의 어려운 일 한 가지를 해결하면
더 큰 고난과 시련이 닥친다

여우 피하려다 범 만난다는 글귀처럼
하나를 해결하면 다른 일이 터지고
시련과 고난에 의해 쇠가 불에 달구어
망치로 두들겨 단련되듯이
사람 또한 산전수전 육전을 겪고 단단하게 단련된다

내공이 쌓이고 경험과 경륜이 쌓이듯
어려운 일이나 힘든 일도 해결할 수 있고
슬기롭게 지혜롭게 현명하게 모든 일에 대처하고
대응할 수 있는 해법이 생기기도 한다

삶과 생활 모든 일 산 넘고 산 넘어 되풀이되고
반복적이고 연속의 되풀이된다
늘 도전하고 노력과 최선을 다하면서
고난과 시련을 딛고 성공하는 길로 가야지

동태탕

엄동설한 춥고 추운 겨울 한파에
온몸이 얼고 한기에 지쳐 있을 때

무. 대파. 두부. 동태에
청양고추가루 뿌려 얼큰한 동태탕

소주 한 잔 들이키며
추위에 얼었던 몸 확 풀리더라

추운 날씨에는 뜨끈한 동태탕
시원함을 어찌 말로 표현하리오

한 잔의 술을 마시며 먹는 얼큰한
동태탕 엄동설한 겨울밤에
느낄 수 있는 별미요 매력이다.

거북선

왜군이 조선을 침략해 바다를 지키는데 공헌한 철갑선
용머리 입에서는 불을 뿜어내고 좌우 옆구리에서 포를 쏘며
왜군의 배를 박살 내고 초토화 시켰다

조선을 침략한 왜군들 간담을 서늘하게 놀라게 하고
혼비백산 어디로 도망 가나 부처님 손바닥
갈 곳 없다 길 잃은 배 바다에 수장

학익진 전술전략 하늘로 비상하여 하늘을 날 듯
바다를 누비며 왜군의 배를 박살 내고
철갑선 우리의 뛰어난 훌륭한 천하무적

이순신 장군 모함한 원균이 왜군에 대패했지만
임진왜란 짧은 순간 대승을 이른 거북선
철갑선의 아쉬움이 가득하다.

표현

소통하기 위해서는 전달을 해야 하고 표현을 하므로
상대방의 뜻을 알 수 있는 것이 목적

동물은 소리로 몸짓으로 뜻을 다른 동료들한테 알려주고
사람은 말을 전달해서 뜻을 표현

식물은 계절에 따라 새싹을 틔우고 꽃을 피우고
봄에는 꽃의 향기와 아름다움을

여름에는 왕성한 잎에 푸르름으로
가을에는 식물의 잎 단풍으로
아름답게 색깔로 표현하며 뽐내기도 한다.

입질

시간을 낚을까? 세월을 낚을까?
근심 걱정 잊고자 뜰 낚시찌를 보며
고기 입질을 기다리네

찌가 움직임에 따라 월척인가
송사리 인가 가늠하네
월척이 걸리기를 기다리며
입질을 애타게 기다리며
설레임 또한 가득하네

기대가 크면 실망이 크겠지만
물고기를 낚는데 다홍치마라
월척을 기다리는 궁금증 설렘 가득

월척의 입질은 찌가 쑥
화끈하게 물속으로 들어가고
송사리 입질은 찌가 깔짝거리네

물고기 기다리는 끈기와 인내
그것이 강태공의 필수 기본

흔들리며

야생풀도 나뭇가지도
봄바람에 흔들리며 꽃을 피우리라
사람의 삶과 생활 또한
흔들리며 아픔과 고통을 겪으면서
성숙하고 성장한다

생명체는 흔들림 없이
성숙하고 성장할 수 없고
흔들리면서 꽃도 피우고
열매를 맺기도 하고 흔들리며

봄바람에 민들레 씨는 바람 타고
멀리까지 날아가서 새로운 새싹을 틔우고
새롭게 성장하며 꽃을 피우며 아름다운
꽃향기를 내뿜는다.

쉬운 것은 없다

누구나 처음 접하는 일에는 어설프고 헤매고
시간이 가면서 적응하며 반복적이고 연속적인 훈련과
연습에 적응되고 단련과정을 거칠 때
노력과 최선을 다해야 내 것으로 사용될 수 있다

개구리 올챙이 시절 모른다
일에 숙련이 되면서 처음 일을 접해 서툴고 헤맬 때
시절은 쉽게 잊고 산다

어찌 첫술에 배부르리오
모든 일은 노력과 최선을 다할 때 어려움도 쉬울 수 있다.

북어

술에 취해 들어온 남편
얄미워라 짜증 나고 화나고
북어나 두들겨 패고 스트레스 해소하자

그동안 쌓인 스트레스 근심 걱정
북어 패는 것이 없어 다면
어디에 화풀이할까나

숙취 해소에 좋다고
시원하다고 좋아하는 남편
얄밉지만 북어국 맛있게 먹어주니 고맙다

북어국 해준 보람 느끼며 위한을 삼고
속 썩는 내 마음 달래나 보자.

힘내세요

코로나19 감염 온 지도 어느덧 5개월이 되어가 내요
의료진 의사 간호사 자원봉사자 이에 협조해 주신
대한민국 국민들 코로나19 때문에

일상생활 제한받고 경제침체 생계 위기에도
사회적 거리 두기 개인위생 철저 마스크 착용
지침에 잘 따라 주었지만 오랜 시간에 지쳐가고
마스크 착용을 소홀해져 가고 있네

아직 코로나19 감염 진행 중이지만 힘내세요
코로나19 방역되고 박멸되려면 오랜 시간이 걸리지만
참고 견디며 버티어야 하네

무엇보다도 코로나19 때문에 생계 위협을 받는다는 것이네
정부의 코로나19 긴급 지원도 한번 일것이고
코로나19 길게 가면 생계 위기에 힘들겠지만
참고 견디며 힘내세요.

언제 가려나 코로나19

불청객 코로나19 온 지도 오래되었네
눈치 없는 코로나19 갈 생각도 없네

문전 박대 하고 하거늘 무슨 미련 아쉬움
남아 머무는가 모두들 가라고 등 떠미는데

왜 가지 않고 속 썩이나 그대는 누구인가
반기는 사람 없는데 빨리 꺼져라

어서 떠나길 학수고대하는데 무엇이
좋아서 남으려 하는가

붙잡지 않네 빨리 사라지고 떠나는 것이
돕는 것인데 눈치 없이 가지고 않는다

옆에 붙어 속 썩이고 불안과 공포만이 조성하네
이제는 이름만 들어도 확 질리고
머리가 띵하고 아프다오

떠나고 사라지는 것이 도움을 주는데
왜 가질 않는가 괴롭히고 감염시키기 위해
남아있는가

골칫거리 코로나19 언제 가려나 빨리 가다오
제발 부탁하오니 빨리 꺼지 거라 코로나19

4부
눈으로 보고 귀로 듣고

보릿고개

반찬이 부실하다 투정을 부리다가
혼나고 굶어봐라 배고픔 겪어봐라
밥그릇 걷어차이고 굶어보니 슬펐다

배고파 후회되고 눈물만 쏟아지고
눈으로 보는 것은 허기진 고통이다
허리띠 조르고 졸라 배고픔을 이겼다.

꿈

잠자면서 꿈꾸는 몽(夢)이 있고 목표를 키우며
현실의 고난과 현실을 극복하며 노력하고
최선을 다해야 얻을 수 있고 천운이 있을 때
취할 수 있고 성사되고 성공을 할 수 있는 몽(夢)이다

어릴 때는 여러 가지로 수시로 바뀌고
성인이 되면서 현실의 삶과 생활에 목표는 멀어간다
현실의 생활에 살고 생존하고 삶이 뭔지 몽(夢)은 멀어가고
현실의 벽에 부딪치고 포기할 때도 있다

몽(夢)은 운이 닿아 쉽고 얻을 수 있고 노력하고
최선을 다해도 운이 닿지 않는다면 한평생을 살아도 몽(夢)을
이룰 수 없고 노력하고 최선을 다하고 사람의 도움
그리고 천운이 닿아야 몽(夢)을 이룰 수 있다.

쓸쓸한 어버이날

불경기에 주 52시간 시행 이후 일감이 서서히 줄더니
코로나19감염 확진 이후로는 요즘은 한 달에 뜨문뜨문
5일 하기도 바쁘고 생계의 위협을 느낀다

코로나19 때문에 작업이 없다 보니
카네이션 꽃 한 송이도 달아 드리지도 못하고
노환으로 요양병원에 입원해 있는 어머니 찾아뵈려 해도
코로나19 감염 때문에 면회조차 되지를 않는다

일상생활 제한받고 사회적 거리 두기가
생활 거리 두기로 바뀌었지만
병원 가기가 어렵고 면회도 안된다

경자년 새해에 찾아온 코로나 바이러스
쓸쓸한 어버이날이다

하루빨리 코로나19
방역되고 종식되어 일상생활을 하고
생계 위협이 없는 그날이 오기를 간절히 빌어본다.

홍시 · 1

감은 입추가 지나면 서서히 익어가고
늦서리 올 때까지 이어진다

설사를 할 때 홍시를 먹으면 멈추고 낫기도 하지만
홍시를 3개 이상 너무 많이 먹으면
대장에 습기 제거로 변이 굳고 변비가 걸리고
해결하는 데 애로 사항이 많다

적당히 먹으면 약이고
많이 먹으면 독이 되는
홍시 양면성이 있다.

홍시 · 2

푸르고 높은 하늘
햇살에 비친 홍시는 붉고 탐스럽게 익어간다

가을 햇살에 비친 홍시
연지 곤지 찍은 새색시 얼굴 같구나

물들어 가는 홍시
가을 풍경 한 폭의 저녁노을처럼
은은한 단풍이 자연스럽게 만든 예술 작품이다

늦여름 더위 속 입추 지나 익어
늦가을 첫서리 올 때까지 익는다

늦가을부터 이른 봄까지 오고 가는
새 밥으로 남겨지는 홍시는
새들의 허기진 배를 불린다.

풍경(풍령. 풍탁)

불구의 화엄 장구로 풍령 풍탁
불리며 사찰의 처마 끝에 매달린
풍경 범종에 얇은 물고기 모양을
매달아 놓은 것

물고기는 잘 때도 눈을 뜨고 경세(譬世)
방일 수도승 수양과 수행에 나태함을
게으름을 깨치고 정진하여라

바람 불어 흔들릴 때 소리 내는
풍경소리 댕그랑댕그랑 청하 하고
맑은 장엄한 맑은 소리에
고요하고 어두운 적막을 깨고
은은하게 울려 퍼진다

곱고 맑은 소리에 민가에서도
볼 수 있다네 맑고 은은한 고운 소리
바람 불어 내는 풍경소리 풍경만이
낼 수 있는 매력이고 표현이다.

산 정상을 오르면서

밑에서 보면 까마득한 산 정상 높이
저 높은 곳을 언제 올라가나 오르막이 있고
내리막길이 있고 산 정상 쉽게 내어주지 않는다

모든 일에도 운이 닿고 노력에 따라 한번에 풀리고
성취하고 성공도 하지만 때에 따라 노력하고
최선을 다해도 실패의 쓴맛을 볼 때가 있다

산 정상을 오르면서 힘들고 숨차고 다리 아픈
고통을 견디고 인내하고 끈기가 있을 때
산 정상도 보여 주는 것을 허락한다

방법은 다르지만 원리는 산 정상도 끝까지
오를 때 정상에 도착하고 모든 일에 성공을 하려면
실패를 해도 포기하지 않고 끈기 있게 도전할 때 가능하다

성사되고 성취하며 성공하듯 쉽게 주어지고
산 정상 정복 또한 포기하지 않고 끊임없이
산을 오르고 숨 차는 것을 참고 견디었을 때 가능하리라.

어머니 은혜 노래

군 생활할 때
유격훈련 화생방 가스 훈련
PRI 연습 때 사격 후 얼차려 받을 때 불렀던
어머니 은혜 노래를 부르면
눈물에 콧물에 뒤범벅이 되었던 때
군기가 빠졌다고 얼차려 더 가혹했고
왠지 서글프고 서러운지 멈추지 않는 눈물

어머니 은혜 노래에 슬픔과 서글픔이 많았던 군 생활
어머니 은혜 그 시절 그 노래에 눈물만 쏟아지고
앞을 가리는 눈물 슬픈 때가 있어는 것을 잊고
오랜 세월이 지났는데
어머니 은혜 노래에 새삼스럽게 기억을 떠오르게 하네요.

그땐 그랬지

그때는 벼 모내기를 하고 보리 농사도 지었는데
식량이 늘 모자라 굶고 배고픔에 시달렸다
통일벼 유신벼 아끼히 바리벼는 키가 크고
강한 바람에 잘 넘어가고 수확이 늦으면
바람에 볍씨는 떨어지고 수확 후 벼이삭 주우려고
새벽 5시에 일어나 논을 휘적고 헤맨 적이 있네
10월 하순이라 새벽녘은 설렁하고 추웠다
가을 추수가 끝나면 겨울 월동 준비를 하느라
바쁘고 초가집이 대부분 이어서 추수 끝난
볏짚으로 이엉을 만들고 오래된 초가지붕 볏짚을 걷어내고
새 볏짚으로 만든 이엉으로 지붕을 씌웠다
옷과 신발이 생필품이 모자라 겨울에는 추위에 떨고
배고픔에 길고 지루했던 엄동설한 겨울 한파에
살을 애리고 혹독했던 한파에 처마 끝에
고드름이 주렁주렁 달려있고
문고리 손으로 잡으면 쩍쩍 붙어 버린다
날씨가 좋은 날은 산에 땔감 하러 다니고
눈이 오고 날씨가 추울 때는 아버지께서는
볏짚으로 새끼를 꼬고 가마니 짜기
망태 콩나물시루를 엮고 멍석을 만드셨다

추운 겨울 한파에도 썰매 타기로 보내고 눈이 온 후에는
동네 형들과 산에 올라가 산토끼 잡으려고 산을 돌아다니며
토끼몰이하고 산토끼 잡는 날은 산토끼 잡아 삶아 먹었고
허탕 칠 때도 있었다
그땐 그랬지 물건이나 생필품이 귀한 시절이라
나일론 옷에 나일론 양말 겨울의 냉기는
온몸으로 찬 공기가 들어와 추위에 떨었던
그 시절 지나고 나니 옛일이 되고
아련한 추억으로 떠오르네요.

비얌(뱀)이다

어찌해서 12지신 중에 뱀띠라네
차라리 용띠라면 하늘이나 훨훨 날라다닐 텐 테

이무기는 천년의 긴 세월을 인내하고 수양하고
도를 닦아야 용이 되어 하늘로 승천한다는데

내 또한 용띠라면 뱀띠보다는
승승장구하고 대박 나고 낫겠지만
태어나는 것이 어찌 인력으로 조정 하리오
삼신할미 뜻이다.

한 잔의 술 · 1

고단과 시름을 잊어보네
한 잔의 술에 긴장 풀리니 몽롱한 취중이 몰려오고
알딸딸한 기분 구름을 타고 두둥실 떠간다

술 향기에 취해
오늘의 근심 걱정 고단함 짧게나마
술 취중에 잊어버리고 털어 보세나

쓰고 쓴 술맛이 고단함의 시름에 달달할 때
신선처럼 하늘을 나는 듯
몽롱한 꿈같은 취중 일장춘몽

술 깨고 나면 속 쓰림 아픔과 고통을 느끼며
무병의 건강함 소중함 귀중함도 깨친다.

한 잔의 술 · 2

삶에는 희로애락이 있고
응원이 될 수 있고 위로가 될 수 있다

순간적인 것 잊기에는 좋고
적당히 마시면 보약이고 과음은 해가 된다

기쁨에 마시고 슬픔, 괴로움에도 마시고 의지하고
내 마음 몽롱한 취중이 힘들고 고단함을 잊게 한다.

스승의 날

어릴 때 공부에 관심 없다 보니
선생님들과 친하지 않았다
한 번 지난 세월 다시 오지
않는 것을 나이 들어 깨친다

오랜 세월 동안 잊고 지냈다
초등학생 때 은사님들
세월 가고 나이가 익어간다
밖에 비가 와서인지 그립고 생각나네

한때 나마 가르침 주던 초등학교 은사님들
늦게나마 진심으로 감사드립니다

이제는 은사님들 건강하시기를
만수무강 빕니다.

너 때문에

일상생활 제한받고 감염될까 겁나고 마스크를 착용하고
2m 이상 거리 두기를 하며 방역에 힘쓴다

안정되고 평온하는 듯하더니 또다시 감염되고 확산되니
불안하고 공포의 치를 떨고 오랜 시간같이하니
지루하고 지겹고 이제는 지쳐간다

새해에 찾아온 너는 갈 생각은 없는지
붙어서 속을 썩이고 괴롭힌다
감염 확진될까 겁내고 불안에 떨고 거리 두기를 하며
사람들 만나지 않는다

괴롭고 슬프네
방역이 될 듯 안정이 될 듯하면서 속 썩이는
너 때문에 일상생활 제한받고 생계 위협받는구나

언제 가니 빨리 가라
눈치 없이 염치없이 머무는 너 때문에 불편함도 많구나
하루빨리 떠나기를 바라네 그것이 도움 주는 것이다.

백마고지

6.25 전쟁의 아픈 역사가 서려 있는 곳
스물 네 번의 주인이 바뀌면서 많은
인원이 생명을 잃고 숨져간 곳

다시는 6.25동란과 같은 민족끼리
총을 겨누고 피 흘리고 생명을 빼앗고
싸우는 슬픔과 비극적인 전쟁의 역사가 없어야 한다

조국 위해 목숨 받친 순국선열님께
호국영령님께 고개 숙여 조국을 위해
목숨 바친 헌신에 존경합니다.

전쟁 없는 곳에서 영원한 안식처 편히 영면하시고 잠드소서.

눈으로 보고 귀로 듣고

좋은 그림 아름다운 경치 활짝 핀 꽃
눈으로 보고 관상하며 즐기는 것을
시각적 충족 시각적 만족이다

아름다운 음률 노래 자연의 새소리 풀벌레
울음소리를 듣고 충족과 만족을 느끼며
표현하고 듣는 것을 청각적 충족이다

눈으로 보고 귀로 들으면서 근심 걱정을 잠시라도
잊어버리고 스트레스를 해소 기분 전환하고 힐링하며
행복한 삶과 생활이 되기를 바랍니다.

장미

오월 신록의 계절에 걸맞은
붉은 장미 정열과 열정을 뽐낸다

늦봄에서 여름으로 가는 길목에
장미의 붉은색은 강렬한 태양빛처럼 빛난다

오월의 신록처럼 왕성한 아름다움을 자랑하는
덩굴장미 늘어진 장미는
바람에 흔들리는 장미꽃향기 멀리 퍼지니
벌과 나비 신나게 찾아들은 붉은 장미
아름다운 고은 자태를 뽐내더라.

슬럼프

오랜 시간 불경기에 경자년 새해
찾아온 너 때문에 지쳐가고 힘들어간다

방역되고 종식될듯하면서 꺼진 불씨가
재발하듯 불사신처럼 되살아나고
감염자 확진자 속출하고 불안하고 공포스럽다

경제 침체에 불경기인데 엎친 데 겹치듯
설상가상으로 고통과 아픔에 희망은 서서히 없어지고
걱정과 근심의 짐만 쌓이고 지쳐간다

언제 가려나 학수고대하거늘
감염 확진자 속출에 일상생활로 돌아가야 되는데
떨어지고 슬럼프에 빠지면서 자신감은 떨어지고
의욕도 떨어지고 착잡하고 근심 걱정 무게만 무거워진다

안정되는 듯 하면서 꺼진 듯
꺼진 불씨는 되살아나고 긴장시키고
확진 감염자 2차, 3차, 4차 무증상 감염자 속출에
슬럼프에 빠지게 하지만 슬럼프를 극복하고 희망을 버리지 말고
반드시 극복하고 방역하여 종식 시켜야 하겠다.

청개구리 심리

사람이란
청개구리 심리를 가졌다
하지 마라고 하면 더하고 싶은 심리적 욕구
야한 사진 야한 동영상을 더 보려고 하고
그것이 청개구리 심리라 하네

왜 그럴까
훔쳐 먹는 음식이 맛이 있듯 짜릿한 전율인가
일종에 중독성이요
짜릿한 전율 느끼려다가 쌍코피 터진다네

멍석 깔아 놓으면 안 하고
멍석 안 깔아 놓으면 더하려는 사람의 심리적 현상
왜 청개구리 같은 심리인지 알 수 없다네

청개구리 심리에서 벗어 나 보세
삶과 생활이 편하다오.

산도 운다

사람들의 부주의로 산불이 나서
몇십 년 가꾼 숲
짧은 순간 잿더미로 변해
가슴이 저리고 아프고 짠하다

푸른 숲이 화마에 타버리니
내 가슴도 숯덩이가 되었구나.

청국장

콩을 불려 4시간 이상 삶은 콩 물기를 뺀
콩을 청국장 띄우려고 짚을 말아 삶은
콩 속에 묻어놓고 숙성 잘 되기 위해 온돌방
가장 따뜻한 아랫목에 이불로 싸매고 덮어 놓는다

날짜가 갈수록 삶은 콩은 숙성이 되어 쿡 큼
한 냄새가 찐하게 풍기고 삶은 콩 색깔은
검게 변하면서 찐득찐득하면서 조청처럼
액이 끈적거리며 늘어난다.

냄새는 콩 숙성 냄새 쿡 큼 하지만 맛은 좋다
냄새가 심해 꺼리기도 했던 청국장 지금은
냄새가 쿡 큼 해서 젊은 세대들이 꺼려하기에
어릴 때 먹던 청국장 찾을 수가 없다

청국장이 있지만 옛날 어릴 때 먹던 청국장
맛이 없고 세월이 가고 나이가 들어가니
그 시절 콩을 불려 4시간 이상 삶은 10일 이상
온돌방 아랫목 구들장 청국장 맛이 그리워진다.

한현수 제2시집

세상을 품은 인생길

초판 발행일 2025년 7월 30일

지은이 한현수

펴낸이 양상구
웹디자인 김초롱
펴낸곳 도서출판 채운재
주소 우) 01314 서울시 도봉구 시루봉로 15라길 38-39 301호
전화 02-704-3301
팩스 02-2268-3910
H·P 010-5466-3911
E-mai ysg8527@naver.com

정가 12,000원
ISBN 979-11-92109-91-6(03810)

@ 한현수 2024

* 이 책은 저작권법에 따라 보호받는 저작물이므로 무단전재와 무단복제를 금지하며 이 책의 내용 전부 또는 일부를 이용하려면 반드시 저작권자와 도서출판 채운재의 동의를 받아야 합니다
* 파손 및 잘못된 책은 구입처에서 교환해 드립니다